Wilm Freiherr von Stein

Der landrechtliche Niessbrauch und der Wert seiner Neuerungen

gegenüber dem römischen Recht

Wilm Freiherr von Stein

Der landrechtliche Niessbrauch und der Wert seiner Neuerungen
gegenüber dem römischen Recht

ISBN/EAN: 9783743438514

Hergestellt in Europa, USA, Kanada, Australien, Japan

Cover: Foto ©Suzi / pixelio.de

Manufactured and distributed by brebook publishing software (www.brebook.com)

Wilm Freiherr von Stein

Der landrechtliche Niessbrauch und der Wert seiner Neuerungen

Der landrechtliche Niessbrauch

und

der Wert seiner Neuerungen

gegenüber

dem römischen Recht.

Inaugural-Dissertation

zur

Erlangung der juristischen Doctorwürde

vorgelegt

der juristischen Fakultät der Georg-August-Universität

zu Göttingen

von

Wilm Freiherr von Stein,
Referendar am kgl. preuss. Amtsgericht Schmalkalden.

Druck der Univ.-Buchdruckerei von W. Fr. Kästner.
1890.

Ich fühle mich verpflichtet, an dieser Stelle dem Geheimen Justizrat Professor Dr. Ziebarth meinen tiefgefühltesten Dank für das Wohlwollen auszusprechen, welches er an dieser Arbeit genommen hat, indem er mich mit seinem Rate unterstützte und mich in den beiden letzten Abschnitten (s. Anmerkung daselbst) auf neue Gesichtspunkte hinwies.

I.

Die Trennung des Nutzungsrechts vom Eigentum ist ein wirtschaftliches Bedürfnis, das zu allen Zeiten bei allen Völkern in den verschiedensten Formen nach Anerkennung gerungen und in fast unzählbaren Gestaltungen bei allen Gesetzgebungen oder Rechtsbildungen Anerkennung gefunden hat.

Soll sich diese Trennung auf Generationen erstrecken, so wandelt sich das Eigentum fast in ein Ueberwachungs- und einstiges Heimfallsrecht um, vielleicht lebendig erhalten durch grössere oder geringere jährliche Leistungen. So besonders im Lehn- und Fideikommissrecht. Das Institut des Lehns war dazu angethan, die Schranken des Eigentums und des Gebrauchsrechts völlig zu verwischen. Denn wenn auch in den ersten Zeiten der Lehnsherr eine grosse persönliche Macht über seinen Lehnsmann gehabt hatte, die sich in der Verpflichtung zur Heer- und Hoffahrt, zu Kriegsdienst und Hofdienst, zu Ehrerbietung und Mannestreue unausgesetzt fühlbar machte und den Treulosen und Ungehorsamen mit Vermögensbussen bis zu Verlust des Lehns bedrohte, dadurch aber auch die dingliche Oberherrschaft über das Grundstück in häufiger Wirksamkeit und lebendiger Anschauung erhielt, trat in diesen Verhältnissen allmählich ein völliger Umschwung ein, die wirklichen Dienste gerieten in Vergessenheit, die Verpflichtung zur Treue gehörte zur allgemeinen Bürgerpflicht, der Lehnsherr war nur noch dem Namen nach der Eigentümer, dessen fast einzige Befugniss die geblieben war, ein durch Aussterben heimfallendes Lehen wieder auszuthun. In ähnlicher Weise, ja noch stärker, zeigte sich diese Verflüchtigung des Eigentumbegriffs bei dem Familienfideikommiss, wo als dominus nicht eine natürliche Person, sondern eine juristische, die ganze Familie, gedacht wurde, während doch die „Familie" als solche niemals in das Nutzungsrecht trat, auch kein Heimfallsrecht, kein Neubeleihungsrecht, kein Veräusserungsrecht hatte, sondern für alle Zeiten ein nach vorausbestimmter Ordnung berufenes einzelnes Mitglied der Familie alle nutzbaren Rechte auszuüben hatte. Hier ist das Obereigentum, ja das Eigentum überhaupt unfindbar geworden, und nicht ohne Grund rechnet das Allgemeine Landrecht die Fideikommisse zu den ausser Verkehr getretenen Sachen.

Ganz anders gestaltet sich die Rechtslage, wenn die Trennung von Nutzungsrecht und Eigentum nicht unabsehbare Zeit fortdauern, sondern zeitlich begrenzt oder auf Lebenszeit erstreckt sein soll, wie bei Niessbrauch und Pacht. Hier bleibt das Eigentum nicht blos begrifflich, sondern auch wirtschaftlich die überwiegende Macht, und es entsteht eine starke, fast ununterbrochene Kollision der Interessen, eine mannigfache Gefährdung bald des einen, bald des anderen der gleichsam zusammengeketteten Berechtigten.

Für alle diese Fälle bedarf es einer rechtlichen Ausgestaltung des Frucht- und Nutzungsrechtes, einer genauen Abgrenzung der, sozusagen, festen oder eisernen Elemente des Eigentums und der beweglichen, in das Recht des Nutzenden fallenden Befugnisse.

In diesem umfassenden Sinne hat das Allgemeine Landrecht die gesetzgeberische Aufgabe in seiner Normierung des Niessbrauches erfasst. „Niessbrauch ist der Typus für alle umfassenden Nutzungsrechte, stets verweist das L.R. (bestätigend oder abändernd) auf die Regeln des Niessbrauchs. So für die Rechte des Mannes am Vermögen der Frau, des Vaters am Vermögen der Kinder, des Beamten und Pfarrers an den Dienstgrundstücken, des Lehn- und Fideikommissbesitzers, des Erbpächters, Erbzinsmannes u. s. w." (Ziebarth, Forstrecht S. 101).

Der Begriff selbst ist im grossen und ganzen der römische. Denn hier definierte man den ususfructus als das ius alienis rebus utendi fruendi salva rerum substantia (l. 1 D. 7.1). Das L.R. sagt: „Das vollständige Nutzungsrecht, oder die Befugnis, eine fremde Sache nach Art eines guten Hauswirtes, ohne weitere Einschränkung, zu nutzen oder zu gebrauchen, wird der Niessbrauch genannt" (L.R. I 21. § 22).

Aber vollständig decken sich die beiden Begriffsbestimmungen nicht. Die landrechtliche unterscheidet sich von der römischen einmal darin, dass das Erfordernis der „salva substantia" fehlt. Diese Worte werden zwar in der Regel ersetzt durch die Worte „nach Art eines guten Hauswirtes"; denn das heisst, eine Sache so gebrauchen, dass sie im brauchbaren Zustand bleibt und ihre Substanz nicht leidet. Auch sagt das L.R. an anderer Stelle ausdrücklich: „Nutzungen, die ohne Verringerungen der Substanz nicht gezogen werden können, gehören in der Regel nicht zum Niessbrauche" (L.R. I. 21. § 30). Aber grade der Zusatz „in der Regel" deutet auf Ausnahmen, also auf Fälle, wo der Niessbraucher selbst die Substanz angreifen darf, so dass mir die Worte „nach Art eines guten Hauswirts" weit glücklicher gewählt scheinen, wie die „salva substantia". Bei den gemeinrechtlichen Schriftstellern war, wie unten zu erwähnen ist, stets ein heftiger Streit darüber, wo die Verletzung der Substanz anfange und aufhöre, ob dieser Begriff rein formalistisch oder naturwissenschaftlich oder mehr wirthschaftlich zu handhaben sei, während die Nutzung „nach Art eines guten Hauswirts" leicht und sicher entnehmen lässt, was der Niessbraucher zu thun hat, um die Sache im brauchbarem Zustande zu erhalten.

Ihre hauptsächlichste Bedeutung hat aber, wie wir hier vorwegnehmen, die Weglassung der Worte salva rei substantia für den Niessbrauch an Forderungen und an verbrauchbaren Dingen. Diese beiden Formen hat das L.R. mit gutem Grunde und in wesentlicher Verbesserung des römischen Rechts als echte oder eigentliche Niessbrauchfälle behandelt, obwohl bei beiden der Niessbraucher sich an der Substanz vergreifen und den Eigentümer auf ein Surrogat (Wert der wirklich verbrauchten Gegenstände, Neuausleihung der eingezogenen Forderung) verweisen darf. Das Nähere bringen wir weiter unten.

Die andere Verschiedenheit ist die, dass im römischen Recht der ususfructus ein ius utendi fruendi, d. h. utendi et fruendi, ist, im L.R. ein Recht zu nutzen oder zu gebrauchen. Auch diese Abweichung ist nicht ohne Bedeutung. Sie will ausdrücken, dass es einen besonderen usus im preussischen Recht nicht giebt, dass alle Sachen, auch nicht fruchttragende, Gegenstand des Niessbrauchs sein können, dass für alle Objekte, selbst die verbrauchbaren die gleichen Regeln gelten, dass insbesondere der Niessbrauch eines ganzen Vermögens ein einheitliches Recht ist und nicht nach den verschiedenen Bestandteilen in verschiedene Rechte auseinanderfällt. Diesem Gedanken wird auch die echt landrechtliche Bezeichnung „das vollständige Nutzungsrecht" gerecht.

Ist hiernach schon die landrechtliche Definition nicht ganz dieselbe geblieben, so zeigen sich in der Ausgestaltung nicht minder vielfache Abweichungen, deren hauptsächlichste wir auf ihren Wert untersuchen wollen. Nicht gemeint sind diejenigen Verschiedenheiten, welche lediglich Ausflüsse anderer allgemeiner Grundsätze sind, z. B. die Form des Bestellungsvertrages, die Notwendigkeit der Eintragung, die Regeln über Besitz, Verjährung u. a., nur eigenartige Züge grade des Niessbrauchsrechtes sind es, die wir betrachten wollen.

II.

Nach beiden Rechten erstreckt sich das Recht des Nutzniessers auch auf die An- und Zuwüchse, welche erst während der Dauer der Niessbrauchzeit entstanden sind, ausgenommen den Schatz, der nicht als Teil des Bodens, in dem er gefunden ist, angesehen werden kann.

Eine Verschiedenheit aber müssen wir behaupten hinsichtlich der insula in flumine nata. Deren Nutzung gebührte nach römischem Rechte dem Proprietar. Auch nach L.R. soll nach der Ansicht sehr vieler Juristen dasselbe der Fall sein; nur Koch scheint anderer Meinung zu sein, obgleich dies aus einer kurzen Anmerkung nicht deutlich ersichtlich ist (Preuss. Privatrecht I § 319 A. 9). Dernburg (Preuss. Privatrecht I § 281 A. 2) sagt: „Der Niessbrauch an einem Ufergrundstück erstreckt sich auf dessen Alluvionen, nicht aber auf die Insel, welche der Eigentümer nach Uferrecht okkupiert l. 9 § 4 D. 7,1". Es ist aber doch etwas gewagt, nur durch Hinweisung auf das römische Recht einen Paragraphen des L.R. interpretieren zu wollen. Dies erkennt auch Eccius (Preuss. Privatrecht III § 186 A. 32) richtig: „nicht kommt ihm eine im Fluss entstandene Insel zu, wenn auch nicht auf Grund der römisch-rechtlichen Unterscheidung, sondern weil das Eigentum an der Insel erst durch Besitznahme erworben wird." So richtig an sich dieser Schluss sein würde, er entspricht doch nicht den Gedanken der Redaktoren des L.R. Der Nutzniesser hat allerdings nicht früher ein Recht auf den Niessbrauch der Insel, als sie vom Eigentümer okkupiert ist. Denn während die Alluvion demselben ipso iure zufällt, ist bei der Insel eine Erwerbshandlung nötig. Ist dieselbe aber geschehen, dann erwirbt der Nutzniesser meiner Ansicht nach auch den Niessbrauch an der Insel.

Im römischen Recht ist nie etwas davon erwähnt, dass die Accessionen schlechthin dem Niessbraucher zufallen oder nicht zufallen. Bei jeder einzelnen Art wird unterschieden, und zwar handelt es sich darum, ob das neu Entstandene in einem körperlichen Zusammenhange mit dem Vorhandenen steht.

Im L.R. (I, 21 § 24) heisst es aber: „Auch erstreckt sich das Recht des Niessbrauchers auf alle, selbst auf die während der Dauer des Niessbrauchs, entstandenen An- und Zuwüchse." Was An- und Zuwüchse sind, ergiebt sich aus Teil I Titel 9, wo in dem sechsten Abschnitte in der vierten Rubrik die Insel mit aufgezählt wird. Ja noch mehr; wir werden über diesen Punkt vollkommen von Suarez selber aufgeklärt. In dem Entwurf des L.R. wurde dem Nutzniesser nicht nur die Nutzung der Zuwüchse, sondern auch des Schatzes zugesprochen. Letzteres wurde allerdings geändert; der Paragraph über die Accessionen ist aber derselbe geblieben; wollten die Redaktoren davon etwas ausnehmen, z. B. die Insel, so hätten sie dies sicher bemerkt. Aber Suarez schreibt ausdrücklich: „Diese Vorschrift gründet sich hauptsächlich auf die inextrikabeln Weiterungen, welche entstehen würden, wenn man die Nutzungen solcher Zuwüchse, z. B. der Alluvion, von den Nutzungen der übrigen Substanz separieren wollte. Dergleichen Nutzungen werden nicht leicht von einiger Erheblichkeit sein. Ist der ususfructus per pactum konstituiert, so kann sich der dominus das Nöthige wegen des Zuwachses reservieren. Ist er per modum ultimae voluntatis bestellt, so kann man wohl annehmen, dass der Erblasser, der dem legatario omnem utilitatem aus der Substanz beschieden hat, ihm auch die Nutzungen des Zuwachses, wenn er daran gedacht hätte, gegönnt haben würde. Bei dem usufructu legali hat der Gesetzgeber freie Hand, weitläufige und verwickelte Processe, die bei einer entgegengesetzten Disposition unvermeidlich wären, abzuschneiden" (vgl. Bornemann, preuss. Civilrecht IV § 283 A. 5).

Die Redaktoren hatten also nicht die juristischen Bedenken, die ihnen Eccius unterschieben will, auch schwebte ihnen nicht das römische Recht vor, wie Dernburg meint, sondern sie hatten nur den praktischen Zweck im Auge, Processe zu verhindern. Es ist nicht nur kein Grund, anzunehmen, dass die Insel nicht unter die Bestimmung des L.R. I. 21 § 24 fällt, sondern es scheint mir sogar sicher, dass Suarez mit den angeführten Sätzen die Bedenken unterdrückte, welche sich gegen die Zuerteilung der Nutzniessung der Insel an den Usufruktuar regten. Denn dass die Gesetzeskommission nur wegen der Alluvion, die Suarez nur als Beispiel von Zuwüchsen anführt, und an der der Ususfrukt auch schon in Rom dem Usufruktuar zukam, Widerspruch erhoben hätte, scheint mir bei der sonstigen Nachahmung des römischen Rechts wenig glaublich. Die Bedenken der Monenten können sich nur auf die Nutzung der insula in flumine nata bezogen haben, aber Suarez kam ihren Wünschen nicht nach. Gerade seine Bezugnahme auf den ususfructus legalis macht dies gewiss. Soll die dem fundus illatus zuwachsende Insel nicht unter das Eingebrachte fallen? soll die neue Insel des Hauskindes abgesondert von dem übrigen Vermögen werden? etwa unter eine besondere Inselverwaltung gestellt werden? Vorgekommen ist der Fall m. W. überhaupt noch nicht, eine Obertribunalsentscheidung ist nicht vorhanden, die ganze Sache scheint kaum die Worte wert zu sein, die darüber schon gemacht sind.

III.

Der Niessbraucher „darf dagegen, ohne Einwilligung des Eigentümers, selbst einzelne Teile der Substanz nicht in eine von der vorigen ganz verschiedene Form umändern" (L.R. I. 21. § 25). Mit diesen Worten handelt das L.R. von der Umgestaltungsbefugniss des Niessbrauchers. Was eine „ganz verschiedene Form" ist, kommt auf die Sachlage an. Uns sind von den römischen Juristen, die einen allgemein gültigen Satz hierüber nicht aufgestellt haben, eine Menge hierher gehörender Beispiele erhalten worden: Der Usufruktuar sollte keine Olivengärten in Wiesen, keinen Park in einen Acker umändern dürfen; er durfte kein praedium voluptarium seines Vorteils wegen in ein praedium fructuosum umwandeln, keine schattigen unfruchtbaren Bäume niederreissen, um an ihre Stelle Obstbäume zu pflanzen; dagegen konnte er aus Weinbergen Aecker, aus Feldern Steinbrüche und Bergwerke machen.

Es sind dies Beispiele, die auf einen bestimmten Fall angewendet auch im Geltungsgebiet des L.R. noch praktisch sein, aber ebensowohl völlig versagen können. Hier ist die Hauptsache, dass die wirtschaftliche Bestimmung des Niessbrauchgegenstandes erhalten bleibt, und innerhalb dieser Schranken ist der Niessbraucher zu Aenderungen befugt. Niemand wird es dem Nutzniesser eines grossen Gutes verwehren, einige Morgen Acker in Wiese umzuwandeln, während dem Nutzniesser eines kleinen Ackergrundstücks wohl verboten werden kann, dasselbe zu thun. Es ist hiernach in jedem einzelnen Falle zu unterscheiden, ob der wirtschaftliche Zweck trotz der Umgestaltung gewahrt bleibt. In demselben Sinne will der Entwurf des bürgerlichen Gesetzbuches § 994 aussprechen: „Der Niessbraucher hat die bisherige wirtschaftliche Bestimmung der belasteten Sache aufrecht zu erhalten. Er ist nicht befugt, die

Sache umzugestalten oder dieselbe wesentlich zu verändern." In den Materialien fand sich noch der Satz, dass auch neue Formgebung zulässig sei, wenn der Teil geringfügig und die Aenderung den Interessen des Eigentümers nicht nachteilig sei. Jedenfalls liegt im L.R. und im Entwurf ein Fortschritt gegenüber dem römischen Recht, dessen einzelne Beispiele von den Pandektisten leicht als bindende Vorschriften aufgefasst wurden. L.R. und Entwurf dagegen stellen ein klares allgemeines Princip auf und überlassen es im übrigen dem freien Ermessen des Richters, zu beurteilen, wie weit das Umgestaltungsrecht des Niessbrauchers geht.

IV.

Wie im römischen Recht, so ist auch nach L.R. die Hauptbefugnis des Niessbrauchers die, aus dem zur Nutzniessung gegebenen Gegenstand alle natürlichen und bürgerlichen Früchte zu ziehen. Das römische Recht und der Entwurf gehen von dem Princip aus, dass bei körperlicher Zerlegung einer Sache die Trennstücke den dinglichen Rechten unterworfen bleiben, welche an der Sache bei deren Zerlegung bestanden, lassen also die natürlichen Früchte auch nach der Trennung so lange im Eigentum des Proprietars, bis sie durch einen neuen Akt (Besitzergreifung, Perception) von dem Niessbraucher erworben werden. Das L.R. folgt mehr dem deutschen Recht, welches, wie z. B. der Sachsenspiegel, die Früchte schon dann dem Berechtigten zuerteilt, wenn die nötige Arbeit gethan ist. Jedoch legt das L.R. den Accent nicht auf den Abschluss der Arbeit, sondern auf den Beginn der Entstehung der Frucht, das erste Keimen und Emporschiessen. Und grade diese Entscheidung scheint die richtigste zu sein, denn Sachenrechte müssen nach sachlichen Kriterien (Entstehung der Frucht), nicht nach persönlichen (Arbeit des Besitzers) bestimmt werden. Sollten sich gegen diese Neuerung vom Standpunkt rein formaler Logik Bedenken erheben lassen, so hat sie doch den grossen Vorzug der Einfachheit und entspricht vollkommen dem Geiste einer Kodifikation, welche den Ansprüchen des wirtschaftlichen Lebens und der Billigkeit genügen wollte.

In gleichem Sinne hat das L.R. auch eine andere praktisch wichtige Frage abweichend vom römischen Recht entschieden, nämlich die, ob der Niessbraucher durch bestehende Pacht- und Mietverträge gebunden ist. Die herrschende Meinung der gemeinrechtlichen Schriftsteller verneint es mit analoger Anwendung des Satzes: „Kauf bricht Miete". Das L.R. entscheidet sich für die andere Meinung. Der Nutzniesser kann aus Verträgen, die der Eigentümer geschlossen hat, die Zinsen von den Verpflichteten für sich beanspruchen, muss aber auch das Recht dieser anerkennen; doch können letztere noch solange vollgültig an den Eigentümer zahlen, als ihnen keine Mitteilung von der Bestellung des Niessbrauches gemacht worden ist.

Es ist grade in neuester Zeit aus Anlass der im römischen Geiste gemachten Vorschläge des Entwurfs viel über den rechtlichen Wert des Satzes: „Kauf bricht Miete" gestritten worden, aber man wird sagen dürfen, dass sich die grössere und gewichtigere Zahl der Stimmen für den entgegengesetzten Grundsatz entschieden hat, den das L.R. richtig erkannt hatte, und der sich im Landrechtsgebiet seit nunmehr 100 Jahren als wohltbätig und volksverständlich bewährt hat.

Besonders streitig unter den Juristen ist stets die Frage gewesen, wie die Früchte des letzten Jahres zwischen dem Eigentümer und Niessbraucher am zweckmässigsten zu verteilen seien.

Nach römischem Recht fielen dieselben sämmtlich, soweit sie noch nicht vom Usufruktuar percipiert waren, dem Proprietar zu; nicht einmal für Saat- und Bestellungskosten eines Ackers konnte jener Ersatz fordern[1]). Die deutschen Rechtsanschauungen waren hierin anders. Sobald die nötige Arbeit gethan war, gewann der Niessbraucher Eigentum an den Industrialfrüchten z. B. Getreide und Wein, die rein natürlichen z. B. Obst und Gras fielen dagegen dem Eigentümer zu. Aber auch diese Bestimmung begünstigt nach der einen Seite zu sehr den Usufruktuar, nach der anderen den Proprietar, und mit Recht hat das L.R. einen anderen Weg eingeschlagen. Die Nutzungen werden gleichmässig zwischen den beiden Parteien verteilt. Es ist zu unterscheiden, ob der Niessbrauchgegenstand ein zur Bewirtschaftung bestimmtes Grundstück oder Gut, oder ein anderes Grundstück, Gerechtigkeit oder Kapital ist.

Bei der ersten Kategorie wird der Ertrag oder Schaden in dem Verhältnisse der vor und nach Endigung des Niessbrauchs verflossenen Zeit zwischen dem Nutzniesser und Eigentümer geteilt. Bei den Gegenständen der zweiten Kategorie werden die Einnahmen nach Vierteljahren verteilt und zwar gebührt dem Niessbraucher der ganze Ertrag des Quartals, in welchem sein Recht aufgehört hat[2]). Diese Verschiedenheit der Teilungsarten erklärt Suarez (Amtliche Schlussvorträge in v. Kamptz Jahrbücher Bd. 41 S. 101) daraus, dass bei einem landwirtschaftlichen Grundstücke beinahe zu einer Zeit alle Ausgaben zusammenkommen, zu einer anderen fast alle Einnahmen, so dass erst am Ende eines Wirtschaftsjahres der Reinertrag berechnet werden kann. Bei einem Niessbrauch an anderen Grundstücken, Gerechtigkeiten und Kapitalien laufen die Einnahmen gleichmässiger ein.

1) Windscheid Pand. § 203, 8.
2) Das Wirtschaftsjahr wird im ersten Falle vom 1. Juli, im zweiten vom 1. Juni gerechnet. Diese wunderliche Verschiedenheit beruht nicht auf Druckfehler, sondern darauf, dass mit dem 1. Juni das alte preussische Etatsjahr begann (Heydemann).

Es ist streitig, ob nach diesem Verhältnis auch bei Beginn des Niessbrauchs die Früchte zwischen dem abtretenden Eigentümer und dem antretenden Niessbraucher geteilt werden sollen. Man wird dies im allgemeinen anzunehmen haben, jedoch vorbehaltlich der Aenderungen, welche aus dem erkennbaren Willen des Bestellers (in Vertrag oder letztwilliger Verfügung) etwa zu entnehmen sind.

Alle diese Bestimmungen des L.R. haben ihre geschichtliche Wurzel in deutschen Rechtsanschauungen, auch entsprechen sie in hohem Grade der Billigkeit. Nach römischem Recht konnte der Niessbraucher eines Gutes am Ende seiner Berechtigung nicht die mindeste reife Frucht bekommen, wenn er auch die ganze Aussaat gemacht hatte in der Hoffnung, dass das Korn noch bis zu seinem Weggange reifen würde; denn er gewann Eigentum an den Früchten erst durch Perception. Wohl aber konnte er sich die noch nicht reife Frucht aneignen. That er dies, so fand er zwar einen kleinen Ersatz für seine Arbeit, dafür aber wurde der Eigentümer benachteiligt und die eigentliche Ernte vernichtet. Die Aenderung des L.R. beseitigt diese Unzuträglichkeiten. Andererseits ist anzuerkennen, dass das römische Prinzip von grosser Einfachheit war. Die landrechtliche Billigkeit ist nicht ohne Umständlichkeit. Es kann bei landwirtschaftlichen Grundstücken die vorgeschriebene Teilung grosse Schwierigkeiten bereiten und Anlass zu Processen geben. Jedenfalls setzt sie einen fortgeschrittenen Zustand des landwirtschaftlichen Betriebes und der landwirtschaftlichen Buchführung voraus. Der Entwurf hat in seinem § 1009 einen neuen Weg eingeschlagen, er will das Gute der römisch-rechtlichen Bestimmung beibehalten und ihre Fehler vermeiden, indem er sagt: „Der Eigentümer hat dem Niessbraucher die Kosten, welche derselbe auf Hervorbringung der bei Beendigung des Niessbrauchs noch

nicht getrennten Früchte innerhalb der Grenzen wirtschaftlicher Verwaltung verwandt hat, in soweit zu ersetzen, als die Trennung in dem laufenden Wirtschaftsjahre zu erfolgen hat, und die Kosten den Wert der dem Eigentümer zufallenden Früchte nicht übersteigen."
Möglich ist auch dieser Weg, aber ohne umständliche Berechnung geht es auch hier nicht ab.

Eine auffallende Einzelbestimmung findet sich noch im L.R., nämlich die, dass das schon in früheren Jahren geschlagene, aber noch nicht verkaufte oder abgeführte Holz, sowie die schon früher angefertigten, nicht verkauften Mauer- und Ziegelsteine dem Eigentümer bei Erledigung des Niessbrauchs zufallen. Dies widerspricht dem L.R. I. 21 § 32: „Es gehört also das Holz.... in soweit zum Niessbrauche, als die Schläge oder Haue in die Zeit desselben fallen." Es liegt offenbar ein Versehen der Redaktoren vor, das Bornemann (III. 264. 6) folgendermassen erklärt: „Im gedruckten Entwurf finden sich die Paragraphen noch nicht, sie sind erst bei der revisio monitorum aus dem Personenrecht hinübergenommen worden, wo sie bei Auseinandersetzung der Eheleute nach getrennter Ehe vorkamen. Dabei sind aber einige Bestimmungen stehen geblieben, welche mit den in der Lehre vom Niessbrauch aufgestellten Grundsätzen nicht vollkommen harmonieren."

V.

Fallen also dem Nutzniesser alle Früchte, die derselbe nach Art eines guten Hauswirts aus dem Niessbrauchgegenstande ziehen kann, zu, so „gehören dagegen Nutzungen, die ohne Verringerungen der Substanz nicht gezogen werden können, nicht zum eigentlichen Niessbrauch. Sie werden aber dazu gerechnet, wenn dergleichen Verringerungen bei einer gewöhnlichen Verwaltung nach dem ordentlichen Laufe der Natur, binnen

einer gewissen Zeit von selbst wieder ersetzt werden"
(L.R. I. 21. §§ 30, 31).

Aus diesen Paragraphen bestimmen sich auch die Grundsätze, wie weit die Nutzungsberechtigung an Waldungen geht. Das L.R. trifft hierbei genaue, und doch knappe und einfache Bestimmungen, die mir den Vorzug vor denen des römischen Rechts zu verdienen scheinen. In den römischen Quellen finden sich hierüber anscheinend widersprechende Stellen, so dass bei den gemeinrechtlichen Schriftstellern noch heute Streit herrscht[1]). Zu untersuchen, wessen Ansicht die richtige ist, kann nicht Aufgabe dieser Schrift sein, ich will nur kurz die am weitesten verbreitete skizzieren.

Man unterschied silva caedua, d. h. jede zur Holzzucht bestimmte Waldfläche und silva non caedua. Bei letzterem, also z. B. Obstbäumen oder Bäumen eines Parkes, oder einzelstehenden, ist der Usufruktuar nicht zur Holzfällung berechtigt, sondern er hat dieselben zu gebrauchen, wie es ihrer Natur entspricht; er darf aber trockene Zweige an sich nehmen.

Ist ein Niessbrauch dagegen an Wäldern bestellt, so ist nach römischem Recht zu trennen, ob der Wald für sich allein der Nutzungsgegenstand ist, oder nur zum Besten eines anderen Grundstücks gebraucht werden soll, nicht, wie die früheren Juristen glaubten, ob derselbe ein Teil eines zum Ususfrukt gegebenen Gutes ist; im ersteren Falle ist wieder zu unterscheiden, ob es eine silva caedua im engeren Sinne ist oder nicht. Unter silva caedua versteht man dann einen sog. Ausschlagswald, wo nur die Zweige oder Aeste benutzt werden, wie es z. B. bei Weiden stattfindet. Hier gehört nicht nur der Boden, sondern auch die Wurzeln und Stämme zur Substanz des Nutzungsgegenstandes. Der Usufruktuar hat dieselben wie ein bonus pater

---

1) Citate bei Windscheid Pand. § 203[11].

familias zu gebrauchen; er soll sich hierbei möglichst an den von dem Proprietar bei der Bewirtschaftung befolgten Benutzungsplan halten. Hat aber letzterer unforstmässig verfahren, so ist deshalb der Niessbraucher nicht dazu berechtigt, er darf nur soviel Holz entnehmen, als von selber wiederwächst.

Besteht dagegen der Ususfrukt an einer silva caedua non renascens, so gehören die Stämme nicht zur Substanz, sondern zur Frucht; sie können jeder Zeit gefällt werden, der Wald muss aber durch Nachpflanzungen in gutem Zustand erhalten bleiben.

Mag er nun nachwachsen oder nicht, dasjenige, was der Usufruktuar aus ihm ziehen darf, kann er auf jede Weise gebrauchen. Er ist berechtigt, es nicht nur zu seinem eigenen Bedarf zu verwenden, sondern auch zu verkaufen; er braucht hierbei nicht zu berücksichtigen, wie der Eigentümer die Erträgnisse verwertet hat.

Besteht dagegen der Ususfrukt an einer Waldung, die nur zum Besten eines anderen Grundstücks benutzt werden soll, so hat der Usufruktuar nur soweit ein Gebrauchsrecht, als zur Bewirtschaftung des Gutes nötig ist; ausser dem hierzu notwendigen Holze darf kein anderes dem Forste entnommen, nichts über Bedarf geschlagen werden, so dass jeder Holzverkauf ausgeschlossen ist.

Diese ziemlich verwickelten römisch-rechtlichen Bestimmungen hat das L.R. zu vereinfachen gesucht. „Es gehört das Holz in einem ordentlich eingeteilten und bewirtschafteten Walde in soweit zum Niessbrauche, als die Schläge oder Haue in die Zeit desselben fallen" (L.R. I. 21 § 32). Alle weiteren Unterscheidungen sind fortgelassen, es wird nur bestimmt, dass der Nutzniesser nach forstmässigen Grundsätzen sein Recht ausüben soll. Einzelstehende Bäume darf auch nach L.R. der Niessbraucher nicht sich zueignen (§ 35), aber wie das L.R. hinzusetzt, „in der Regel" nicht, denn der

Gesetzgeber sieht vor, und Pfeil (in den Beiträgen von Gans S. 316) führt näher aus, dass das Einschlagen einzelner Bäume auf Wiesen und Aeckern geradezu eine Melioration sein kann. Es kommt nur darauf an, zu verhüten, „dass das von den Voreltern aufgesparte Holz nicht extraordinair von einem einzigen Niessbraucher bezogen wird." Dies erreicht das L.R. dadurch (§ 36), dass es den Holzertrag solcher Bäume, deren Einschlagung gerechtfertigt war, „zum Etat der Wälder rechnet" (Pfeil), d. h. dem Niessbraucher auf seine übrigen Holzbezüge abrechnet. Auf einen Fehler des L.R. macht der Entwurf in seinen Motiven zu § 991 aufmerksam: „Es wird im Entwurf nicht, wie in einigen Gesetzeswerken (so im L.R.) in Ansehung der Waldnutzung vorgeschrieben zu sein scheint, eine Rücksichtsnahme subjektiver Natur auf das bisherige Verfahren des Eigentümers gefordert. Hat dieses Verfahren nicht die Regeln einer guten Wirtschaft für sich, so würde eine Bindung des Niessbrauchers an dasselbe zu einer unnötigen und drückenden Fessel werden."

Nicht gehört dem Niessbraucher ein ausserordentlicher Holzertrag z. B. durch Windbrüche oder Raupenfrass. Dies war ebenso im römischen Recht. Während aber dort das Plus dem Eigentümer vollständig und ausschliesslich zufiel, hat im L.R. der Nutzniesser das Recht, zu fordern, dass das erlöste Geld zu einer Verbesserung der Niessbrauchsache angewandt, oder dass ihm die Zinsen davon ausbezahlt werden. Logisch korrekter ist das römische Recht, der Windbruch ist keine Frucht, er ist aber auch kein Wald mehr, folglich erhält der Niessbraucher des Waldes gar nichts davon. Die dienende Sache ist teilweise zerstört. Aber das L.R.' ist wirtschaftlich richtiger, nach wirtschaftlicher Anschauung tritt der Gelderlös und seine Zinserträge an die Stelle der teilweis vernichteten Sache. Gesetzt A hatte den Niessbrauch an einem grossen

Bergwalde; infolge starken Schneefalls wird die Hälfte der Bäume zersplittert oder entwurzelt, so verliert der Usufruktuar die Hälfte seines Einkommens und der Eigentümer erhält Revenuen, auf die er nie rechnete, während sie dem Niessbraucher entgehen. Nach röm. R. trifft das Unglück solcher Zerstörung fast allein den Niessbraucher, nach L.R. wird es verteilt auf beide an der Sache Berechtigte. Dies scheint mir ein Fortschritt in der Rechtsgestaltung zu sein.

VI.

Auf nicht minder glückliche Weise hat das L.R. die Streitfrage des gemeinen Rechts, in wieweit dem Niessbraucher unterirdische Erzeugnisse zufallen, entschieden. Die einen wollten ihm den ganzen Ertrag eines Bergwerks zuerteilen, die anderen nur die Zinsen des Ertrags; die einen hielten den Ertrag für Frucht, die anderen für Substanz. Sodann waren Meinungsverschiedenheiten darüber, ob der Niessbraucher Sand-, Mergel-, Ziegel- und andere ähnliche Gruben anlegen dürfe, wenn sie dem Gute dauernden Vorteil brächten; die einen bejahten, die anderen verneinten mit derselben Bestimmtheit. Dieser Streit hat sich von der Zeit des Glossatoren bis auf die Jetztzeit erstreckt, er ist nicht entschieden und spiegelt sich wieder in den Werken der bedeutendsten Juristen und in den verschiedenartigsten Auffassungen oberster Gerichtshöfe[1]). Die Folge ist, dass über diesen Gegenstand im gemeinen Recht eine vollkommene Rechtsunsicherheit herrscht. Das L.R. hat auch hier den Streit in völlig treffender Weise gelöst.

Wenn Steine, Kalk u. dgl. schon von dem Grundstückseigentümer dem Boden entnommen worden sind,

---

1) Citate bei Windscheid Pand. § 203⁶. 144⁶.

so ist auch der Nutzniesser hierzu berechtigt. Ob er solche Gruben neu anlegen darf, ist konkret zu entscheiden. Bei den unterirdischen Erzeugnissen werden die gewonnenen Gegenstände nach der Regalität geschieden. Sind sie nicht regal, so sind sie dem Rechte des Niessbrauchers unterworfen, sind sie regal, d. h. nach heutigem Rechte verleihungsfähig, so hat der Niessbraucher nur die Nutzung der auf den Eigentumsanteil fallenden Ausbeute; die Erträge werden als ein dem Eigentümer zukommendes Kapital gerechnet, und nur die Zinsen davon sind dem Nutzniesser auszuzahlen; dafür soll aber der Eigentümer die Gefahr und Kosten tragen, wenn die Auslagen (Zubussen) nicht durch die Einnahmen gedeckt werden. Den Unterschied erklärt Suarez (Schlussvorträge S. 62) damit: „Metalle und Mineralien wachsen allein nicht nach, sondern es ist auch ein Bergwerk, wenn es einmal erschöpft worden, zu gar nichts mehr nütze. Hingegen kann ein Terrain wo Kalk, Mergel, Torf u. s. w. gegraben worden, wenn auch der Vorrat erschöpft ist, doch immer noch zu etwas gebraucht werden. Hier geht also der Substanz des fundi fructuarii nicht ganz verloren." Diese Bestimmungen sind allgemein und ohne Unterscheidung gegeben, sie müssen folglich auf alle Fälle bezogen werden, wo ein Bergwerk allein oder mit andern Dingen Gegenstand des Niessbrauches ist. Wenn manche den Fall ausnehmen wollen, wenn auf einem zur Nutzniessung gegebenen Gute zugleich ein Bergwerk besteht, in welchem Falle dem Niessbraucher die ganze Ausbeute zustehe, so fehlt für diese Ausnahme jeder Grund, ja der Fall kann eigentlich nicht vorkommen, weil das Bergwerkseigentum stets vom Grundeigentum getrennt ist und seine eigene Ausdehnung hat, die Stelle des Mundlochs dafür ohne wesentliche Bedeutung ist. Natürlich kann auch der Niessbraucher wie jeder Dritte selbst muthen und ein neues Bergwerk schaffen, er wird dann nicht Niessbraucher, sondern Eigenthümer des Bergwerks[1]).

Der Entwurf nähert sich in der Entscheidnng über diese Materie im § 989 der Auffassung des L.R., indem er von dem Princip ausgeht, „dass die Ausübung des Niessbrauches nicht an die Schranken der Konservierung des Kapitalwertes des demselben unterliegenden Gegenstandes, sondern nur an die Schranken des wirtschaftlichen Verfahrens gebunden ist." Wenigstens wird dieser Gesichtspunkt bei der Beurteilung der Frage, ob der Niessbraucher Gruben zur Gewinnung von Bodenerzeugnissen anlegen darf, stets ins Auge gefasst werden müssen. Eine Grenze findet die Befugnis des Nutzniessers in dem Interesse des Eigentümers, die Sache in dem denselben wirtschaftlichen Ertrag bringenden Zustand zurückzuerhalten.

VII.

Ebenso streitig, als die Frage, wie nach gemeinem Recht der Niessbrauch an Waldungen und Bergwerken aufzufassen sei, ist die, wie weit die Berechtigung des Nutzniessers einer Leibrente geht[2]). Da das preussische Recht Eigentum nicht nur an Sachen, sondern auch an Rechten kennt, so handelt es ganz logisch, wenn es hier als Gegenstand des Niessbrauches das Rentenrecht selbst als einheitliches betrachtet. „Wem auf ganzes Vermögen oder Nachlass ein Niessbrauchsrecht bestellt worden, der geniesst auch den vollen Ertrag der dazu gehörenden Leibrenten," sagt § 42 I, 21. Dies entspricht der wirtschaftlichen Auffassung. Bei dem Rentenrecht ist nicht die Rente Kapital, sondern das für die Rente Hingegebene. Auch ist die Rente nicht in einen Zinsteil und eine Kapitalrückgewährung zu zerlegen, sondern

---

1) Ueber diese Fragen vgl. Dernburg preuss. Privatr. I § 281.
2) Citate bei Dernburg § 286 ^{e}.

der Fall liegt gleich der Dividende eines gewerblichen Unternehmens, die ebenfalls g a n z Ertrag ist, obwohl das Unternehmen nicht ewig Erträge zu gewähren pflegt; oder dem Niessbrauch an einem hochverzinslichen Kapital, wo ebenfalls der Niessbraucher die Zinsen ganz bezieht, obwohl darin eine Art Prämie für geringere Sicherheit enthalten zu sein pflegt.

VIII.

Einen weiteren Unterschied zeigen beide Gesetzgebungen in der Frage, welche Rechte der Niessbraucher für die Sache bezw. deren Eigentümer neu hinzuerwerben kann. Während nach römischem Recht der Usufruktuar für den Grund und Boden keine Servituten gewinnen kann, können nach L.R. I. 21. § 98 „Dienstbarkeiten und andere Rechte für die zum Niessbrauch eingeräumte Sache durch den Niessbraucher zum Besten des Eigentümers erworben werden." Es ist leicht erklärlich, dass solche dem Gegenstand dienende Verbesserungen zu gewinnen, dem Nutzniesser nach den heutigen Anschauungen nicht untersagt werden kann; das Verbot des römischen Rechts erklärt sich aus der ursprünglichen streng formellen Bestellungsart der Servituten sowie aus der Unzulässigkeit freier Stellvertretung.

IX.

Den umfassenden Berechtigungen des Nutzniessers stehen Verpflichtungen gegenüber. Hierzu gehörte im römischen Recht an erster Stelle die Pflicht, Kaution zu stellen. Erst infolge dieser haftete der Usufruktuar dem Proprietar obligatorisch für das uti frui boni viri arbitratu. Ohne diese cautio, die an sich nur einfache verborum obligatio ohne satisdatio zu sein brauchte, hätte der Niessbraucher bei schuldhafter Beschädigung der Sache nur mit der actio ex lege Aquilia belangt werden können, selbstverständlich nur dann, wenn der

Schaden aus einem facere entstanden war. Das L.R. lässt dagegen den Nutzniesser schon unmittelbar durch den Niessbrauch selbst verpflichtet sein, er haftet sofort, kann mit einer Klage belangt werden, ohne dass besondere Verabredungen getroffen zu werden brauchen. Ein besonderes „Versprechen gut zu behandeln" kann überhaupt niemals gefordert werden, wir kennen eine Kautionspflicht nur in der Form der satisdatio und erst für den Fall, wenn Besorgnisse vorliegen, dass der Niessbraucher die Sache missbrauchen werde. Der Eigentümer hat dann das Recht, beim Richter die Leistung einer Sicherstellung zu beantragen. Sollte dagegen der Gegenstand schon wirklich verschlechtert sein, so kann der Usufruktuar angehalten werden, den Schaden sofort wieder gut zu machen, und zugleich für die Zukunft für ordentliche Verwaltung Sicherheit zu stellen. Thut er dies nicht, so kann Sequestration stattfinden, die sich aber nur auf die gefährdeten Teile der Sache beschränken soll. Alle diese Vorschriften finden sich jedoch im wesentlichen schon im gemeinen Rechte, die römische Promissionspflicht des Nutzniessers ist auch dort bereits abgeschafft.

Der Niessbraucher hat sich nach beiden Rechten „boni viri arbitratu", „nach Art eines guten Hauswirts" der Sache zu bedienen. Während er aber nach röm. R. stets für omnis culpa haftet, hat er nach L.R. bei Nutzungsberechtigungen aus letztwilligen Verordnungen oder unmittelbar aus dem Gesetze nur für grobes und mässiges Versehen einzustehn; bei durch Vertrag bestelltem Niessbrauch kommt es auf die Vereinbarung bezw. auf die Art des Titels (ob lästig, ob wohlthätig) an.

Besonders genaue Vorschriften giebt das L.R. inbetreff der Obliegenheiten des Niessbrauchers in Ansehung der Gebäude. Danach hat er mässige Verbesserungen zu tragen, nicht Hauptreparaturen. Hierfür gelten solche, deren Kosten den vierten Teil des Ertrages dieses Jahres übersteigen. Nach römischem Recht, wo ebenfalls modica refectio ad usufructuarium pertinet (l. 7. § 2. D. 7.1), stand die Beurteilung, was eine Hauptreparatur sei, im Ermessen des Gerichtes. Hierzu bemerkt der Entwurf, der ebenfalls dem Nutzniesser die gewöhnlichen Reparaturen zuschreibt: „Der Umfang der notwendigen Ausbesserungen wird bei der Beurteilung der Gewöhnlichkeit nicht ausser Acht zu lassen sein. Man kann aber nicht, wie im preussischen Rechte, einen prinzipiellen Anhaltspunkt für die Beurteilung der Reparaturpflicht in dem Verhältnisse des Kostenbetrages einer notwendig werdenden Massregel zu dem oft wechselnden und von Zufälligkeiten abhängenden Ertrage der Sache für eine gewisse Periode finden" (Motive III, 512). Diese Erweiterung des richterlichen Ermessens oder diese Rückkehr zu den römischen Prinzipien entspricht unserer heutigen Auffassung von den Aufgaben und der Stellung des Richteramts. Um aber nicht ungerecht in der Beurteilung der einengenden landrechtlichen Bestimmung zu sein, ist zu erwägen, dass die Verhältnisse heute anders liegen wie vor hundert Jahren. Es ist eine geschichtliche Thatsache, dass der Gesetzgeber damals mit Mängeln im Richter- und Anwaltsstande zu rechnen hatte, die heute als überwunden gelten. Dem Ermessen des Richters wollte die damalige Zeit keinen zu weiten Spielraum lassen, sondern ihm durch das Gesetz möglichst genau vorgeschrieben, wie er zu urteilen habe. Das L.R. wollte ferner ein für jedermann verständliches Gesetzbuch sein; es wünschte demgemäss, dass auch der Niessbraucher selbst genau ausrechnen könne, bis wie weit sich seine Pflicht zu Reparaturen erstrecke. Von diesen Gesichtspunkten aus betrachtet werden die hierher gehörenden Bestimmungen des L.R. nicht mehr befremdlich erscheinen, wenn sie auch, wie der Entwurf annimmt, für die jetzige Zeit nicht mehr passen.

Will der Nutzniesser grössere Schäden ausgebessert haben, so hat er hierzu die Kosten einstweilen auszulegen und kann sie nach Beendigung seiner Berechtigung vom Eigentümer erstattet verlangen, aber nur, wenn er darüber vorher mit ihm einen gültigen Vertrag abgeschlossen hat, der also bei Gegenständen im Werte über 50 Thlr. schriftlich sein muss. Diese Anordnung des L.R. klingt sehr hart für den Nutzniesser, rechtfertigt sich aber, wie wir weiter unten sehen werden, aus dem Bestreben, Processe zu vermeiden.

Dafür ist der Niessbraucher in zwei Beziehungen günstiger gestellt, wie nach römischem Recht. Der Eigentümer, der seine Zustimmung zur Wiederherstellung der zur Wohnung und wirtschaftlichen Benutzung notwendigen Gebäude verweigert, kann dazu durch Richterspruch gezwungen werden. Die Kosten hat allerdings der Niessbraucher einstweilen auszulegen, erhält sie aber nach beendigtem Niessbrauch erstattet. Im römischen Recht braucht der Proprietar dies nicht zu thun: „si qua vetustate corruissent, neutrum cogi reficere." (l. 7. §. 2. D. 7. 1). Ferner heisst es im röm. R.: „aedificium inchoatum fructuarium consumare non posse placet." Nach L.R. dagegen hat der Niessbraucher die Befugnis, angefangene Gebäude nach dem vorhandenen und genehmigten Bauplan fortzusetzen und später seine Auslagen vom Eigentümer zurückzufordern; es sei denn, dass der Bau nur zum Vergnügen oder zur Pracht bestimmt sei, und der Eigentümer ausdrücklich widerspricht.

In diesen beiden Richtungen hat somit das L.R. den Eigentümer zu positiven obligatorischen Leistungen verpflichtet, ein Gedanke, der dem röm. R. ganz unbekannt sein musste, da der Eigentümer das dingliche Recht des Niessbrauchers immer nur zu dulden, seinerseits aber keinerlei cautio zu leisten hatte. Allein die Abweichung ist mehr scheinbar; auch nach röm. R. konnte der Niessbraucher, der solche Bauten vornahm, dereinstige Erstattung nach den Grundsätzen der Impensenberechnung fordern. Das L.R. dagegen schneidet jede nicht besonders vereinbarte Impensenforderung ab, und war dadurch genöthigt, einen Weg zu schaffen, um eine ohne Grund verweigerte Zustimmung richterlich ergänzen zu lassen. Der Entwurf giebt diese Erschwerung der Impensenforderung auf, kehrt im ganzen zum römischen Prinzip zurück, giebt also (stillschweigend) auch die landrechtliche Klage auf Erteilung der Genehmigung preis.

X.

Nach beiden Rechten muss der Niessbraucher alle öffentlichen und privatrechtlichen Lasten tragen. Aber das L.R. geht noch weiter. Ist ein Vermögen Gegenstand des Niessbrauches, so muss der Berechtigte auch die persönlichen Schulden des Erblassers verzinsen und sie selber nötigenfalls berichtigen. Die hierzu erforderliche Summe braucht er jedoch nicht aus eigenen Mitteln herzugeben, sondern er kann den Niessbrauchgegenstand verpfänden, wozu die Einwilligung des Eigentümers oder die Ergänzung derselben durch den Richter erforderlich ist. Haben die ungewöhnlichen Lasten alles, was der Niessbraucher während der Dauer seiner Berechtigung an Nutzungen gezogen hat oder als guter Hauswirt hätte ziehen müssen, nach Abzug der davon entrichteten gewöhnlichen Lasten überstiegen, so kann er die Vergütung dieses Ueberschusses von dem Eigentümer fordern. Obwohl diese letzte, dem römischen Recht ganz fremde Bestimmung, bereits vor dem L.R. von namhaften gemeinrechtlichen Juristen[1] anerkannt war, meinten doch einige Monenten, es müsse dem Niessbraucher wenigstens gestattet sein, wenn sich die ungewöhnlichen

---

1) Citate bei Koch Kommentar zu § 88 I, 21.

Lasten zu sehr häuften, seinem Rechte zu entsagen.
Hierauf erwiederte ihnen Suarez: „das würde auf die
grössten Unbilligkeiten führen: wenn z. B. jemand, der
in guten und ruhigen Zeiten durch den usum fructum
sich bereichert hat, unter veränderten Umständen bei
einem einbrechenden Kriege die Sache dem Eigentümer
zurückgeben wollte. Da in den vorliegenden Paragraphen
dafür gesorgt ist, dass der Usufruktuar im ganzen nichts
verliere, so ist dadurch mit hinreichender Billigkeit für
ihn gesorgt." Den Niessbraucher für die Berichtigung
aufgekündigter Kapitalien sorgen zu lassen, ist dagegen
nicht angemessen; auch ist der Grund, welcher dafür
in den Materialien angegeben wird, nicht stichhaltig,
nämlich der, dass der Niessbraucher das nächste und
gegenwärtige Interesse habe, und deshalb auch dem Eigentümer nicht zugemutet werden könne, Mühe und
Kosten bei einem Gegenstande zu verwenden, von welchem er vor der Hand nicht den mindesten Vorteil habe.

Im römischen Recht finden sich über alles das nur
höchst dürftige Bestimmungen, im gemeinen Recht aber
war das eine unbestritten, dass es Sache des Eigentümers ist, die Zinsen der auf dem Grundstücke lastenden
Hypotheken zu zahlen. Das L.R. ändert dieses und
legt diese Verpflichtung dem Niessbraucher auf. Damit
hat das L.R. eine wertvolle Neuerung eingeführt, die
ihm folgend auch andere moderne Gesetzgebungen angenommen haben und zu der auch der deutsche Entwurf sich bekennt. Mit Recht sagen die Motive zu §
1003, dass bei der Frage, wer die Hypothekenzinsen zu
zahlen habe, es nicht auf die juristische Natur des
Pfandrechts ankomme, sondern darauf, „ob nach wirtschaftlicher Ueblichkeit der Eigentümer der verpfändeten
Sache darauf rechnet, die Mittel zur Verzinsung der
Pfandlast den Nutzungen seiner Sache zu entnehmen
und bei Rückforderung des Kapitales auch dieses durch
Aufsuchung eines neuen Pfandgläubigers zu beschaffen,

so dass also die Pfandlast als den Wert der Sache mindernd angesehen wird und demnach bei Begründung des Niessbrauches auch nur der Reinertrag, welcher sich nach Abzug der Zinsen ergiebt, zugewendet werden soll."

Wenig erörtert in der Pandektenlitteratur ist die Frage, welche Pflichten dem Niessbraucher hinsichtlich der prozessualen Vertretung oder Unterstützung des Eigentümers obliegen. Das L.R. sagt: „Auf Prozesse, welche die Substanz der Sache, deren Pertinenzstücke und Gerechtigkeiten betreffen, ist dennoch der Niessbraucher sich einzulassen und die Kosten vorzuschiessen verbunden. Er muss aber den Eigentümer dabei zuziehen und kann durch dessen (!) Unterlassung den Rechten desselben nichts vergeben" (I. 21 § 82. 83). Da diese Fragen zugleich wichtige prozessrechtliche Gebiete berühren, so müssen sie hier ausgeschieden bleiben; es genüge, auf sie hingewiesen zu haben.

XI.

Ist die Nutzniessung erloschen, so lebt das unbeschränkte Eigentum wieder auf. Der Niessbraucher hat den Gegenstand mit allen Beilaststücken zurückzugeben. „Der Eigentümer hat bei Beendigung des Niessbrauches zu beweisen, in welchem Zustand der Niessbraucher die Sache empfangen hat. Hieraus können für beide Teile Uebelstände entstehen. Der dem Eigentümer obliegende Beweis wird um so schwieriger sein, je länger der Niessbrauch bestanden hat, während der Niessbraucher in Gefahr gerät, sich gegen Beweisführungen verteidigen zu müssen, deren Widerlegung wegen Länge der Zeit und wegen Verdunklung der einer fernen Vergangenheit angehörigen Thatsachen ihm nicht zu gelingen droht." (Entw. Mot. zu § 992).

In richtiger Erkenntnis dieser Schwierigkeit übt das L.R. indirekt einen Zwang darauf aus, dass zu Anfang der Nutzniessung ein Inventar aufgenommen werde, welches bei der Rückgabe als Beweismittel der vorhanden gewesenen Gegenstände und deren Beschaffenheit dient. Beide Parteien sind es zu beantragen berechtigt. Ist eine Beschreibung der Gebäude nicht aufgenommen worden, so wird vermutet, dass sie in gutem Zustand überliefert worden seien; hat der Niessbraucher andere Sachen ohne Inventar erhalten, so wird angenommen, dass er alles, was zur Benutzung notwendig ist, empfangen habe. Ist bei einem durch Testament bestellten Niessbrauch ein Inventar aufzunehmen durch ausdrückliche testamentarische Vorschrift untersagt, so soll an dessen Stelle ein Privatverzeichnis treten. Von alledem findet sich im römischen Recht nichts. Es wird allerdings geraten, ein Inventar aufzustellen, doch tritt, falls es nicht geschehen ist, keine Präsumption zum Schaden des Usufruktuars ein. Auf denselben Standpunkt stellt sich der Entwurf. Er will weder eine allgemeine Inventarisationspflicht des Niessbrauchers, noch einen Beweisnachteil für den Fall der Nichterfüllung derselben schaffen. Aber einige Besonderheiten (Erleichterungen) der Beweisführung kennt er doch (§ 992. 993), und man wird annehmen dürfen, dass damit dem wirklichen Bedürfniss genügend Rechnung getragen sei.

Eine der schwierigsten Fragen des Niessbrauchrechtes bildet der Ersatz der Verwendungen. Es kann kaum ausbleiben, dass während einer längeren Nutzungszeit der Niessbraucher manche Verwendungen gemacht, manche Kosten getragen hat, die über seine Verpflichtung als guter Hauswirt zu handeln hinausgehen, ja der Eigentümer selbst kann nur wünschen, dass sich der Niessbraucher nicht überall auf das schlechthin Notwendige und direkt Erzwingbare beschränkt.

Es entspricht der Billigkeit, dass sich der Eigentümer hierdurch nicht grundlos bereichere, sondern bei Rückgabe des Gegenstandes die Auslagen bis zu einem gewissen Grade wiederersetze. Auf der andern Seite darf diese Pflicht nicht zu weit gehen, insbesondere muss in Betracht gezogen werden, dass der Niessbraucher zunächst für sich zu sorgen und seine Aufwendungen möglichst selbst auszunutzen pflegt.

Im römischen Recht waren keine besonderen Bestimmungen hierüber getroffen, der Usufruktuar wurde einfach als negotiorum gestor behandelt. Als solcher hatte er für Auslagen Ersatz zu fordern, wenn er in der Absicht gehandelt hatte, den Proprietar zu verpflichten, und das von ihm hergestellte jenem zum Vorteil gereichte. War dies nicht der Fall, so hatte er nicht einmal ein ius tollendi.

Bei der Bearbeitung des L.R. erkannte man die Unzulänglichkeit dieser Verordnungen. Denn einmal ist es ungerecht, solche neu angeschafften dem Eigentümer nicht nutzenden Gegenstände nicht einmal wegnehmen zu dürfen, dann aber fragt es sich, wo fängt der Begriff „dem Proprietar vorteilhafte Verwendung" an und wo hört er auf? Man hätte vielleicht den Nutzniesser wie einen bonae fidei possessor behandeln, ihm Ersatz geben können für alle impensae necessariae et utiles, und für die voluptariae ein ius tollendi statuiren können. Aber dann wäre wieder der Eigentümer zu sehr im Nachteil gewesen. Während nämlich der gutgläubige Besitzer die Sache für seine eigene hält, weiss der Niessbraucher, dass sie ihm nicht gehört, und dass er sie nach einer gewissen Zeit wieder herausgeben muss. Auch ist der Begriff von impensae necessariae et utiles ein höchst relativer. Gesetzt A hat einen Niessbrauch für lange Zeit an einem Gute des B, das in der Nähe eines zweiten im unbeschränkten Eigentum des B stehenden Gutes gelegen ist. Auf dem zum Niessbrauch eingeräumten Gute sind wenig Wiesen, die A zur Unterhaltung seines Viehstandes unbedingt nötig hat. Er legt mit grossen Kosten künstliche an. Es wäre ungerecht, wenn B bei Zurückgabe des Gutes diese Auslagen ohne weiteres ersetzen sollte; denn für ihn können die Wiesen ganz unnütz sein, wenn er nämlich auf seinem anderen Gute so viel hat, dass sie für beide ausreichen.

Das L.R. thut einen glücklichen Griff, indem es I. 21 § 124 bestimmt: „Wegen Verbesserungen der zum Niessbrauch eingeräumt gewesenen Sache können der Niessbraucher und dessen Erben nur insofern Vergütung fordern, als dieselben mit ausdrücklicher schriftlicher Genehmigung des Eigentümers gemacht werden." Sollte diese aber, falls die Verbesserung durch Landesgesetze angeordnet ist, verweigert werden, so kann der Nutzniesser richterliche Ergänzung der Erlaubniss beanspruchen. Sonst hat er für ohne Einwilligung des Eigentümers vorgenommene Verbesserungen nur ein Recht der Hinwegnahme und auch dieses nur, wenn er die Sache in denjenigen Stand, in dem sie sich vor der Verbesserung befunden hat, wieder setzt.

Natürlich hat er dagegen dem Eigentümer für Verschlechterungen Ersatz zu leisten; er haftet, wie wir sahen, nach L.R. meist nur für grobes und mässiges Versehn, nach römischem Recht für omnis culpa. Nach ersterem ist er nur verantwortlich, wenn die Verringerungen an Gebäuden, Dämmen, Teichen, Gräben, Brücken, Mühlen, Wasserleitungen, Wegen, Gehegen, Verzäunungen, Forsten, sowie durch verschuldete Ueberschwemmungen und Versandungen entstanden sind. Wegen anderer aus vernachlässigter Kultur oder sonstiger unwirtschaftlicher Verwaltung vorgeblich entstandener Verringerungen kann der Eigentümer keinen Ersatz fordern (I. 21. § 136) entgegen dem römischen Recht, wo der Usufruktuar als negotiorum gestor oder aus seiner cautio wegen Verschlechterungen bei jeder Art von Niessbrauchgegenständen belangt werden konnte. Das L.R. hat sich zu dieser Aenderung veranlasst gesehen, einmal, weil der Begriff „Verringerung" ein höchst relativer ist, sodann, „weil Deteriorationsprocesse zu den schädlichsten und verhasstesten gehören; und weil, wenn die schlechte Wirtschaft offenbar ist und ins Ganze geht, dem Eigentümer freigelassen ist, dem Niessbraucher Schranken setzen zu lassen." (Suarez Schlussvorträge S. 100).

XII.

Zum Schluss wenden wir uns dem Niessbrauch an verbrauchbaren Sachen und an Forderungen zu. Ob letzterer in Rom ein eigentlicher oder uneigentlicher gewesen sei, darüber gehen die Ansichten der Pandektisten weit auseinander[1]. Nach der herrschenden Meinung ist in beiden Fällen ein uneigentlicher Niessbrauch anzunehmen. Der Usufruktuar (der satisdatio geleistet hat) kann die Forderung in seinem Namen einziehn, mit einer actio utilis einklagen, das Erhaltene beliebig wieder ausleihen oder selbst benutzen, bei Niessbrauch an Consumtibilien die erhaltenen Mengen beliebig benutzen und vernutzen, muss aber eine gleiche Sache oder deren Wert später zurückerstatten. Das Eigentum der Consumtibilien geht sofort mit Einräumung des Niessbrauchs auf den Usufructuar über, ein jetzt eintretender zufälliger Untergang trifft ihn allein und befreit ihn nicht von seiner Pflicht zur Restitution von tantundem ejusdem generis. Geht dagegen die Forderung auf eine unverbrauchbare Sache, und wird diese vom Schuldner dem Niessbraucher geleistet, so entsteht an ihr ein verus ususfructus, die Gefahr trägt der Proprietar.

Das L.R. lässt dagegen überall einen eigentlichen Niessbrauch zu, da es Eigentum nicht allein an Sachen, sondern auch an Rechten kennt. Es behandelt auch Forderungen als Sachen, an denen Rechte erworben werden können. Daraus erklärt sich, dass das L.R. über diesen Gegenstand nur wenige Bestimmungen enthält. Es gebraucht die Wörter Forderungen und Kapitalien

---

[1] Windscheid § 206. Dernburg Pfand. § 249.

als gleichbedeutende. Der Niessbraucher darf dieselben ohne Einwilligung des Eigentümers nicht einziehn oder in anderer Weise darüber verfügen; im Uebertretungsfalle geschieht es auf seine eigene Gefahr, auch muss er auf Verlangen des Eigentümers Kaution stellen. Dieser ist ferner berechtigt, bei Aufkündigung von Kapitalien dieselben nach Rücksprache mit dem Niessbraucher neu anzulegen. Er braucht aber nicht die Wünsche des letzteren zu befolgen, wenn derselbe nicht für die Sicherheit Kaution leistet. Eine solche hat auch der Eigentümer zu stellen, wenn er das Kapital an sich nehmen will.

Was den Niessbrauch an Verbrauchbarem anbetrifft, so enthält das L.R. in dieser Beziehung eine grosse und wertvolle Abweichung vom römischen Recht[1]). Das röm. R., dem leider der deutsche Entwurf folgt, lässt sofort das Eigentum und die Gefahr der verbrauchbaren Dinge auf den Niessbraucher übergehn, das L.R. erst durch den Verbrauch bzw. gleichwirkende besondere Abmachung. Dies ist weit gerechter und in vielen Fällen dem Willen der Beteiligten, besonders des letztwilligen Anordners eines Niessbrauches allein entsprechend. Wer heute den Niessbrauch an einem Nachlass erhält und nachts von einer Räuberbande ausgeplündert wird, ersetzt nach römischem Recht und dem Entwurfe alle Gelder und Konsumptibilien dem Proprietar, nach L.R. nicht. Dort gehen zwar die Kasten, in welchen das Geld enthalten ist, dem Eigentümer verloren, das Geld selber nicht, hier beides.

Auch darin erleichtert das L.R. den Quasiusufruktuar, dass es ihm keine besondere und unbedingte Kautionspflicht ansinnt. Namentlich in Fällen, wo grosse Werte in anderen Sachen dem Niessbraucher ohne Kaution

---

1) Ich gebe das Folgende auf Grund der Vorträge des Herrn Prof. Dr. Ziebarth.

überantwortet werden, wäre es unangemessen, für kleine Geldbeträge Kaution abzufordern. In diesem Punkte folgt auch der Entwurf § 1020 dem L.R.

XIII.

Die verschiedenen Endigungsarten eines Niessbrauchs werden durch allgemeinere Grundsätze bestimmt; nur auf einen hierher gehörenden Unterschied des L.R. vom römischen Rechte will ich noch kurz hinweisen.

Man zweifelte in Rom, ob man einer juristischen Person einen Niessbrauch einräumen dürfe, weil man befürchtete, dass derselbe nie ein Ende finden würde, da jede Korporation auf unabsehbar lange Zeit besteht. Schliesslich bildete sich der Rechtssatz, dass ihr Ususfrukt hundert Jahre dauere, als der längsten Dauer eines menschlichen Lebens.

Den deutschen Rechtsanschauungen dagegen widersprach es nicht, einzelne Rechte auf immer oder lange Zeit vom Eigentum zu trennen, wie dies ja im höchsten Masse bei dem Institut des Lehns der Fall war. Infolge dessen giebt das L.R. den moralischen Personen eine Nutzniessung von so langer Dauer, als dieselben noch vorhanden sind. Dieser Bestimmung steht allerdings L.R. I. 12. § 423 entgegen: „Ist aber der Gebrauch oder Genuss einer Korporation, Gemeine oder anderen moralischen Person ohne Zeitbestimmung zugewendet, so dauert das Vermächtnis nur 50 Jahre." Nach der richtigen und auch schon von Suarez (Schlussverträge S. 64) gebilligten Meinung ist dies so aufzufassen, dass, wenn nichts besonderes bemerkt ist, der Niessbrauch nur 50 Jahre dauern soll, nur bei deutlich erklärtem Willen länger, eventuell bis zum Fortfall der moralischen Person. Anderer Ansicht ist Förster (Preuss. Privatrecht III. § 186 A. 136), welcher behauptet, der letzwillig eingeräumte Niessbrauch daure nur 50 Jahre, der durch Vertrag bestellte länger. Doch es ist kein Grund, den testamentarischen Niessbrauch an eine Zeitgrenze binden zu wollen, nicht aber den vertragsmässigen.

Der Entwurf kehrt zu der römisch-rechtlichen Anschauung zurück, die höchste Grenze eines Niessbrauchs beträgt 100 Jahre. Dabei ist aber folgendes zu erwägen[1]). Eine politische Gemeinde erwirbt nicht selten Rechte gegen fremde Grundstücke zum Besten ihrer Gemeindeangehörigen, Rechte zu Weide- und Waldnutzung, Wege zu Kirche und Schule, Plätze zu Spiel und Belustigung (R.G. CS. 14, 214), ganz vorzüglich Rechte auf Wasser und Wasserleitung zur städtischen Wasserversorgung. Nach römischem Recht lassen sich solche Belastungen als dingliche nur in der Form der irregulären Personalservitut schaffen, da ein herrschendes Grundstück nicht vorhanden ist. Berechtigt wird allein die juristische Person und ihr Recht hat den allgemeinen Charakter des Niessbrauchs. Sollen diese Rechte nach 100 Jahren erlöschen? das Wasser plötzlich abgeschnitten werden? Das würde der Absicht aller Beteiligten widersprechen. Das Reichsgericht behandelt solche Rechte bekanntlich als Prädialservituten, „die moderne Rechtsentwicklung habe den römischen Grundsatz, dass eine Grunddienstbarkeit nur zum Besten eines bestimmten Grundstücks bestehen könne, nicht festgehalten, vielmehr solche Rechte auch zu Gunsten eines ganzen territorialen oder personalen Kreises zugelassen, sofern dieser nur die Befriedigung eines konkret begrenzten Bedürfnisses zum Gegenstand habe und den Charakter der Dauer in sich trage." Aber leugnen lässt sich doch nicht, dass hier eine Person berechtigt ist, eine Person, die möglicherweise nicht ein einziges Grundstück zu eigen besitzt, diese Person schliesst den Vertrag, zahlt die Gegenleistung, klagt auf Erfüllung und

---

[1] Auf diese Seite der Frage hat mich Herr Prof. Dr. Ziebarth hingewiesen.

treibt sogar Handel mit ihrem Nutzungsrecht, verkauft das Wasser an die Abnehmer, verpachtet die Weide meistbietend, wenn auch nur an ihre Mitglieder u. s. w. Soll die Dauer solcher Rechte davon abhängen, ob die Gerichte darin immer ein prädiales oder aber ein personales Element erblicken? Oder wäre es vielleicht besser, bei dem landrechtlichen Satze (L.R. I. 21 § 179) zu bleiben?

Ziehen wir die Summe unserer Erörterungen, so werden wir aussprechen dürfen, dass das L.R. wertvolle Neuerungen in dieser Lehre geschaffen hat, wovon vieles auch dem künftigen Gesetzgeber zur Erhaltung oder Fortbildung empfohlen werden kann.